Für Mama,
ihren Eidam
und unsere Kinder

mal so

mal so

Gedichte aus dem alltäglichen Leben

von
Maya Kandlbinder

Titelbild mit freundlicher Genehmigung nach
einem Aquarell von Friedrich Grauf.
Tel.: 0 98 28/3 90

Herstellung: Books on Demand GmbH,
Norderstedt
info@bod.de

ISBN: 3-8334-0856-1

Inhalt

Vorwort

Liebe Leserinnen und Leser!

Es fing alles ganz harmlos an.

Echt.

Eigentlich wollte ich bloß ein wenig meinem Alltag
entfliehen und eventuell noch mein altes Hirn
trainieren. Da ich gern dichte, habe ich einfach
meine Gedanken in Verse gepackt.

Nachdem ich nun meine Familie mit meinen
Gedichten schon längere Zeit beglücke, befand
man, es sollten auch mal andere Menschen meine
Gehirn-Akrobatik kennen lernen.

Meine Bedenken wurden glatt ignoriert.

So war das.

Nun, es liegt ja ein solches Exemplar vor Ihnen,
schauen sie doch einfach mal rein.

Ich wünsche Ihnen jedenfalls viel Freude beim
lesen meiner kleinen Gedichte und verbleibe

mit freundlichen Grüßen

Ihre Maya

Der kleine Balkon

Ein kleiner Balkon,
was ist das schon?

Ein paar Quadratmeter frische Luft,
ein bisschen Blumenduft.
Doch man muss es mit der Seele schauen
und sich auch am scheinbar Kleinen erbauen:

Im Frühling stellt man die Topfpflanzen raus.
Öffnen sich die Blüten - welch ein Augenschmaus.
Im Sommer kann man im Schaukelstuhl ruh`n
und dabei was für die Nerven tun.

Im Herbst dekoriert der Wind im Nu
den kleinen Balkon mit bunten Blättern zu.
Und im Winter erfüllt das Vogelhäuschen seinen
Zweck.
Man füttert die Hungrigen mit Körnern und
Speck.

Ist das nicht ein schöner Lohn
für so einen kleinen Balkon?

Der Gartenzwerg

Ein kleiner Wicht,
mehr ist er nicht.

Doch mögen ihn sehr viele Leute.
Auch meinen Garten schmückt einer heute.
Drüben beim Nachbarn steht noch einer rum,
bloß der ist schon alt und ein wenig krumm.

Meiner ist schräg rechts im Rasen nebenan.
Er hat eine blaue Hose an.
Ein Hemd, schön bunt kariert
und eine rote Mütze, die ihn ziert.

Sein große Gärtnerschürze, dunkelgrün,
ist auch ganz hübsch anzusehn.
Noch braune Stiefel für den festen Stand
und schöne Blumen in der Hand.

Ein frohes Lachen im rosa Gesicht
verfehlt seine Wirkung bei den Menschen nicht.
Er ist mein Stolz, mein ganzes Glück,
mein Gartenzwerg ist mein liebstes Stück.

<u>**Marmelade**</u>

Viele Gläser auf dem Tisch,
alle sauber, leer und frisch.

Auf dem Herd ein großer Topf.
Die Oma rührt mit rotem Kopf
geheimnisvoll darin herum.
Wie in der Hexenküche geht es um.

Rote Pampe kocht im Topf, blubbernd heiß.
Was die Oma alles weiß!
Sie füllt die Tunke in die Gläser ein,
es schaut aus wie dunkelroter Wein.

Den Deckel draufgeschraubt, ganz fest.
Oma macht den letzten Test.
Zum versuchen gibt's ein Glas, sehr fein!
Oma´s Marmelade ist beliebt bei groß und klein.

Kirschenklau

Drunten in dem Kirschenbaume
wächst ne riesengroße Pflaume!

Da schaut der Bauer
noch genauer:
Sitzt da nicht Klein-Fritzchen drin?
Nun aber nichts wie hin!

Klein-Fritzchen hüpft vom Baum herab
und läuft davon im größten Trab.
Und der Bauer hinterher,
schon werden ihm die Beine schwer.

Na ja, Klein-Fritzchen wird der Schreck schon
Lehre sein.
Geklaute Kirschen schmecken doch immer fein.

<u>**Einfach**</u>

Einst spazierte eine Henne
über eine Tenne.

Dies sah ein Hahn
und sprach sie an:

Komm doch zu mir herüber,
Würmer sind dir sicher lieber.

Nicht lange brauchte er zu raten,
die Henne flog -

und sprang auf einen Spaten:
- Bumm -
Da ward die Henne dumm.

Sie folgte dem Hahn nun immer brav,
genau so wie ein liebes Schaf.

Traumbad

Leise rauscht das Wasser.
Der Körper wird immer nasser.

Im Raum gedämpftes Licht.
Die Nerven entspannen sich.

Unwichtig wird die Zeit.
Alle Sinne sind bereit.

Am Ohr ein schönes Prickeln.
Feine Düfte sich entwickeln.

Er ist ein wahrer Traum
mein neuer Badeschaum!

<u>Hoffnung</u>

Ein Auto fährt die Straße lang,
dem Fahrer ist es angst und bang.
Wo fahr ich hin, was ist mein Ziel?
Ich weiß gar nicht mehr was ich will.

Alles ist so öd und leer
und zudem noch furchtbar schwer.
Doch halt, am Horizont, da ist doch was?
Der Fahrer, er gibt noch mehr Gas.

Tatsächlich! Es wird hell und heller
und das Auto, es fährt schneller.
Er kommt in eine schöne Stadt,
die viele bunte Lichter hat.

Freundlichkeit, ein Blumenmeer,
liebe Menschen ringsumher.
Der Fahrer steigt vom Auto aus
und fühlt sich glücklich wie zu Haus.

Hier bleibe ich, möchte nicht mehr gehen,
hier können die Menschen sich noch verstehen.
Suchst du die Stadt? - sie ist nicht weit,
du brauchst dazu nur Menschlichkeit.

<u>**Sinngemäß**</u>

Die Augen sind zum Schauen da,
die schönen Dinge, wunderbar.
Doch wenn wir gucken weit in die Ferne,
übersehen wir manch Nahes gerne.
Wir haben die Augen bekommen,
um klar zu sehen, und nicht verschwommen.

Die Ohren sind zum Hören da,
zarte Klänge von fern und nah.
Aber eh wir uns mit Lauschen begnügen,
sollten wir das gute Zuhören üben.
Wir haben die Ohren bekommen,
richtig zu hören, nicht voreingenommen.

Die Nase ist zum Riechen da,
für feine Düfte und - „na ja".
Und stinkts schon mal in fremder Küche,
gilt`s auch zu prüfen die eignen Gerüche.
Wir haben die Nase bekommen,
um auf den Geschmack zu kommen.

Der Mund, der ist zum Sprechen da.
Liebe Worte, Jahr für Jahr.
Wichtig ist, zuerst zu denken,
und dann die Worte zu verschenken.
Wir haben die Sprache bekommen,
um die Sätze richtig zu formen.

Der Tastsinn ist zum Greifen da,
zum Streicheln, dann sind wir uns nah.
Wie kostbar zärtliche Berührung ist,
weiß jeder, der sie mal vermisst.
Wir haben die Gabe bekommen,
um aufeinander zuzukommen.

Das Gefühl ist für die Seele da,
für alle Menschen hier und da.
Denn: Wer hat die Liebe nicht,
der ist ein ganz, ganz armer Wicht.
Haben wir unsere Seele bekommen,
so wird uns die Liebe nicht genommen.

Können wir nun gut benutzen all diese Sinne,
dann besitzen wir doch Hauptgewinne!
Und ist der 7. Sinn auch noch zu haben,
dürfen wir aber gar nicht mehr klagen.

Liebe

Glücklich sein

Nur zu zwein

Innigst küssen

Einander vermissen

Weiche Knie

Gefühle wie nie

Über Wolken schweben

Darfst Du es erleben

Es ist die Liebe!

Hüte sie gut

Habe Mut

Lass sie im Herzen wohnen

Sie wird's dir reichlich lohnen.

Nachdenklich

Wenn du abends fernsehschaust
und ganz ruhig darauf vertraust,
die Welt wird schon in Ordnung sein,
erschrickst du, denn es ist nur Schein!

Deine Welt, die eigne kleine,
mit der kommst du grad noch so ins Reine.
Aber dann, die Nachrichten
mit den schlimmeren Geschichten:
Kriege, Hunger und Gewalt,
haben wir das so gewollt?

Wir haben nichts gelernt, nicht viel.
Manches ist für uns nur Spiel.
Hauptsache, wir haben Haus und Essen,
da sind die Armen leicht vergessen.
An Weihnachten, da fällt´s uns ein:
Das kann ja doch nicht alles sein!

Reichlich fließen nun die Spenden
und wir stehen da mit reinen Händen.
Der kleine Mann kann nicht viel tun.
Doch gemeinsam sollten wir nicht ruhn,
die Mächtigen mal zu erinnern,
dass sie nicht nur große Werke zimmern,
sondern mit ihrem Herzen und Verstand
regieren gut ihr anvertrautes Land.

Vielleicht wär's dann auf dieser Welt
für alle Menschen gut bestellt.

Hinten links

Der eine Zahn, ganz hinten links,
der bringts.

Zuerst war's nur ein kleines Loch,
schwache Schmerzen, zum Aushalten noch.

Doch eines Nachts, oh jemine, ohjeh!
Der Zahn ganz hinten links, tat furchtbar weh!

Am Morgen, gleich der erste Gang
zum Doktor, mir war's angst und bang.

„Was hammer denn? Wo tut's denn weh?"
„Der Zahn ganz hinten links, ojeh ."

Spritze, Zange und ein Rucker.
Ich machte keinen einzigen Zucker.

Wo mal ein Zahn war - ganz hinten links,
- eine Lücke, das bringts.

<u>**Weihnachtsstress**</u>

Weihnachten ist schon sehr nah.
In einer Woche ist es da!
Keine Geschenke und auch kein Baum,
die Mutter glaubt es kaum.

Jetzt aber heißt es sputen:
Schnell noch Plätzchen backen, von den guten.
Einkaufen ist auch noch dabei,
den Braten und die süße Leckerei.

Außerdem muss sie noch viel denken,
wegen den wichtigen Geschenken.
Der Mann bekommt ´ne teure Uhr,
für ihn das Beste eben nur.

Schönes Spielzeug auch nicht minder,
für die Kinder.
Am Weihnachtsabend der Baum geschmückt,
die Kinder sind schon ganz entzückt.

Aufgeregt und munter
geht es drüber und drunter.
- Ruhe! Ein Lied:
Jeder singt begeistert mit.
Die Mutter sitzt, die Augen zu,
Jetzt hat sie endlich ihre Ruh.

Es ist eigentlich schon phänomenal:
Weihnachten kommt immer so plötzlich
„jedes Mal"!

Der neue Teddybär

Ein neuer Teddybär muss her!
Der alte tut es doch nicht mehr.
Von der Mutter so beschlossen.
Das Töchterchen war sehr verdrossen.

Gekauft, ein schöner Bär, ne ganze Wonne.
„So, nun schmeiß den alten in die Tonne."
Ein Gejammer, Protestgeschrei!
Das Töchterchen, es drückt dabei
den alten Bär ganz fest ans Herz.
Es ist ein riesengroßer Schmerz!

„Ist ja gut, du kannst den alten
Teddybär ja noch behalten!"
Den neuen Bär bekommt die Nichte.
So ist´s passiert, die Teddybär- Geschichte.

Gewichtsprobleme

Heute schreib ich ein Gedicht
über das überflüssige Gewicht.
Denn ich bin ein wenig zu schwer
und das bekümmert mich doch sehr.

Sicher, vielen Menschen geht es so,
doch das macht mich auch nicht froh.
Ich brauch mehr Geld für neue Kleider
und die alten mach ich weiter.

Diäten?: Die kann ich glatt vergessen,
da träum ich ja nur noch vom Essen.
Was mach ich nur? Wenn ich's nur wüßt.
Vielleicht hilft da auch mal eine List.

Ich räum die süßen Sachen weg,
die Chips, und auch den Schinkenspeck.
Doch leider schon nach ein paar Tagen,
ich kann's dir sagen.

Da hab ich das Versteck entdeckt:
Diese Kalorien haben gut geschmeckt!
Jetzt hab ich das Problem, das gleiche,
und steh wieder vor der Weiche.

Es bleibt mir bloß noch F.d.H. und Geduld sehr
viel,
mit Ausdauer komm ich da auch an mein Ziel.
Wenn nötig, fällt mir ne Ausrede ein:
Ich bin nicht zu dick, nur eben zu klein.
Das könnt eigentlich die Erklärung sein.

<u>**Ordnung**</u>

Ordnung ist das halbe Leben,
die andre Hälfte - Chaos eben.
Ist das eigentlich so richtig?
Nehmen wir s nicht zu sehr wichtig?

Wir könnens doch nicht so einfach trennen:
Denn wollen wir etwas Ordnung nennen,
war's vorher Chaos, oder nicht?
Doch das entscheidet kein Gericht.

Sicher ist, wie Geschwister sind die beiden,
doch können sie sich gar nicht leiden.
Drum sollten wir `s sehr gut bedenken,
ob wir dem einen Vorzug schenken.

<u>**Metamorphose**</u>

Ein Apfel fiel vom Baum.
Aus der Traum!
Er dacht, er wär der Best,
geeignet für ein schönes Fest.

Doch nun hatte er eine Matte
auf seiner Platte,
und lag ganz traurig auf der Erd.
Da kam ein großes Pferd.

Schwupp, fraß es den Apfel auf.
Ein paar Stunden drauf,
lag er auf der Erde wieder,
rund und braun und hatte Brüder.

Nun düngt er voller Stolz
des Nachbarn Frühbeet, dort beim Holz.

<u>Erdöl</u>

Gehoben aus der Erde Innerm,
wenige sich noch erinnern,
wie es „ohne" früher zuging,
bevor es auf der Erde Feuer fing.

„Schwarzes Gold" wird es genannt
und ist überall bekannt.
Vieles wird daraus gewonnen.
Schnell ist manches auch zerronnen.

Hat man es, ist´s sehr bequem,
zumal die Wärme angenehm.
Man kann auch Schönes daraus machen,
sogar dass Kinder fröhlich lachen.

Doch des Menschen eigne Gier
führt zur Katastrophe schier.
„Schwarzes Gold" wird es genannt,
man kann es finden jetzt auch am Strand.
Da kommt es dann aus „zweiter Hand"!

Winter

Klare, kalte Luft.
Würziger Glühweinduft.
Feine Schneeflocken fallen nah.
Nun ist der Winter da.

Die ganze Landschaft zugeschneit.
Stiller Zauber macht sich breit.
Es ist die Pause der Natur,
einfach Erholung pur.

Ob des Frostes eisigem Hauch
erstarren Seen, Baum und Strauch.
Fantasievolle Zapfen aus Eis
der Winter gut zu formen weiß.

Eisblumen an den Fensterscheiben.
Schlittenfahren zum Zeit vertreiben.
Schneemann bauen, Schneeballschlacht,
vielen Kindern Freude macht.

Ist auch die Kältepause lang,
den Menschen wird es gar nicht bang.
Denn ist der Winter noch so mächtig:
Der Frühling kommt, und er wird prächtig.

Späte Einsicht

Wer Vorrat hält, ist besser dran,
weil man schnell darauf zurückgreifen kann.
Das weiß ich ja schon lange,
doch mir ist etwas bange:
Mein Arzneischrank, der ist leer,
da muß dringend etwas her.

Zum Glück: Die Werbung hat ja viel zu sagen,
damit einen keine Zipperlein plagen.
Eine Entzündungssalbe zum Schmieren.
und bei den Tabletten soll man sich auch nicht
genieren.

Magnesium gegen Muskelverspannung,
Baldrian zum Nerven entspannen,
gegen Sodbrennen war auch was dabei
und Vitamine, aber das ist nicht neu.
Ein paar Erkältungssäfte noch dazu.
Dann ist aber Ruh.

Die Arznei soll helfen, wie die Werbung fest
verspricht,
hoffentlich täuscht sie sich da nicht!
All die Sachen besorgte ich schnell,
aber daheim verbogs mir fast das Gestell!

Mein Arzneischrank war zu schmal und zu klein.
Diesmal gings zu zweit in die Stadt hinein.
Wir hatten einen schönen Schrank gefunden.
Der Aufbau dauerte bloß ein paar Stunden.
Doch mein Mann hatte sich verletzt an der Kant,
es blutete der kleine Finger der linken Hand.

Jetzt sollte schnell ein Pflaster her!
Wenn ich bloß wüsste, wo eins wär.
Ausgeholfen hat unser lieber Nachbar.
Schlagartig war mir da klar:
Man braucht gar nicht so viel Arznei.
Hauptsache, es ist auch immer ein Pflaster dabei.

Wettergedanken

Das Wetter ist an allem Schuld!
So schimpfen wir voll Ungeduld,
wenn uns die Überraschung stinkt,
die das Wetter mit sich bringt.

Weil durch große Hitz und Eiseskält
gibt`s manch Probleme auf der Welt.
Sturm, Regen, Hagel und Gewitter:
Auch diese Pillen schmecken bitter.

Der Wettergott serviert sie uns,
er bremst gern der Experten Kunst.
Und kann er auch viel Schönes bieten,
selten sind wir mal zufrieden.

Wünsche an Petrus hätten wir schon,
doch wir können nur träumen davon.
Denn das Wetter zu regieren
würden wir zu gern probieren!

Welch ein Glück, dass wir`s nicht können.
„Chaos pur" wär`s dann zu nennen.
- Dieser Kelch, er geht vorüber:
Da ist mir Petrus dreimal lieber!

Mein Herr Schlaf

Nachts lag ich im Bette drin
und sinnierte vor mich hin.
Mein „Herr Schlaf" hatte mich verlassen,
er streunte draußen durch die Gassen.

Versprach, er käm bald wieder,
wollt noch besuchen seine Brüder.
Sie heißen „Müd" und „Kannnichtmehr".
Zu mir wollt er dann hinterher.

Nun musste ich mich arrangieren,
doch die Gedanken gingen spazieren:
Eigentlich geht es mir doch gut.
Ich hab ein Bett, das wärmen tut.

Ein Telefon, das funktioniert,
einen Hund, der fast pariert.
Der Fernseher wär noch zu erwähnen,
obwohl das Programm manchmal zum Gähnen.

Und eben die ganzen elektrischen Sachen,
die allgemein so Freude machen.
Auch bin ich doch soweit gesund
und bloß ein bisschen rund.

Besitztum, Kleider, gutes Essen,
da wären wir doch sehr vermessen,
möchten wir jammern oder klagen!
Das sollten wir uns immer sagen.

Jeder hat so seine Bürde,
die müssen wir tragen, doch mit Würde.
Kleine Sorgen, große Sorgen?
- Viel vergehen bis übermorgen.

So hab ich vor mich hingedacht,
dabei die Augen zugemacht.
Mein „Herr Schlaf" der ließ sich Zeit,
doch es war nun bald soweit.

- Von dem Sinnieren ganz benommen,
war der Schlaf schon heimlich gekommen.

Katzenwunder

Es war einmal ne schwarze Katz,
die hatte eine weiße Tatz.
Sie lief so in dem Schnee umher
und wunderte sich doch sehr.
Sie hatte bloß drei Beine,
wo war denn wohl das eine?

Da kam das Frauchen angerannt,
den schwarzen Strumpf schon in der Hand.
Die Katze freute sich gar sehr
und stolzierte gleich im Schnee umher.
Sie hatte wieder alle Bein
das war fein.

Brillenschau

Eine Brille musste sein,
doch man lässt sie gern daheim.
Es geht schon los beim Foto schaun,
man kann den Augen doch nicht traun.

Der Arm zu kurz, das Licht zu schwach:
Oh, was für ein Ungemach!
Man sieht die Bilder nur verschwommen,
hätt man bloß die Brille mitgenommen!

Reumütig kehrt man zurück nach Haus
und sucht die ganze Wohnung aus.
Links neben dem Kühlschrank, ganz im Eck
hat sie sich versteckt.

Wie ist sie bloß dahin gekommen?
Sofort wird gleich der Mann vernommen.
Die Brill kommt in die Tasche rein,
so was muss nicht noch mal sein!

Eigentlich ist es auch nicht schlimmer,
trägt man seine Brille immer.
Man kann sie nicht verstecken
hinter irgendwelchen Ecken.

Ach, was haben`s die Menschen schön,
die ohne Brille alles sehn!

Das Wunder

Eine schwangere Frau im Schaukelstuhl sitzt,
und ganz leis die Ohren spitzt:
Sie horcht sanft in sich hinein.
Was wird es wohl sein?

Ihr Leib, ihr Bauch,
sie fühlt es auch.
Ein Strampeln, Bewegung.
Wunderschön diese Regung.

Was kommt, weiß sie genau.
Sie hat den Mut, wie jede Frau,
zu gebären ein Leben.
Ein kleines Menschlein eben.

Starke Schmerzen, der erlösende Schrei!
Der Vater ist auch dabei.
Es ist ein Junge, gesund und alles richtig.
- Gesund - nur das ist wichtig.

Glücksgefühle schweben im Raum,
fast greifbar, man glaubt es kaum.
Alle haben es gespürt:
Es ist wieder ein Wunder passiert.

Frühlingsgefühle

Ach, wie ist es im Frühling schön!
Wir können in der Sonne spazieren gehen.
Die Vögel zwitschern ihre Lieder
und die Bäume grünen wieder.

Die Sonne bringt uns warme Luft
und schwängert sie mit Blumenduft.
Unsere Stimmung ist sehr gut,
wir haben wieder neuen Mut.

Doch kommt die Liebe noch dazu,
wird es kompliziert im Nu.
Das Gefühl ist wie ein Karussell
und es dreht sich ganz schön schnell.

So geht's den ganzen Sommer lang,
mindestens bis zum Herbstanfang.
Dann kommt eine ruhigere Zeit
und der Winter macht sich breit.

Die Natur reagiert schon richtig:
Kräfte sammeln ist jetzt wichtig.
Der nächste Frühling kommt bestimmt
und mit Zaubermacht er übernimmt.

Das wiederholt sich Jahr für Jahr.
Es ist doch einfach wunderbar,
dass wir es immer neu erleben:
dieses Fühlen, dieses Beben.

<u>**Unser Katerle**</u>

Einen Kater haben wir.
Nein, keinen vom Schnaps oder Bier.
Einen lebendigen, richtigen,
einen ganz wichtigen.

Zuerst lief er noch schüchtern rum,
doch dann stellte er sich gar nicht dumm.
Uns zu erziehen hat er begonnen,
- aber bloß halb gewonnen.

Was er will, weiß er genau
und sagt`s auch mit Miau.
Jeden Tag bekommt er Futter und Milch,
aber er hungert halt immer, der Knilch.

Vaters Platz auf dem Sofa findet er schön.
Ein Ausweichen kann er nicht verstehn.
Wir müssen Katerle auch loben:
Er stöbert auf dem Boden,

im Keller und überall im Haus.
Da erwischt er jede Maus!
Am Abend kommt er anmarschiert
zum Streicheln, völlig ungeniert.

Auf einem Schoß macht er sich`s bequem,
und uns ist das auch angenehm.
Er dünkt sich als der Herr vom Haus,
kann er doch rein und raus
wie es ihm gefällt,
dem stolzesten Kater der Welt.

Die Gerüchteküche

Jedes Dorf, auch manche Stadt
so eine geheimnisvolle Küche hat.
Die Köche, man kennt sie eigentlich nicht.
Es steht ja nicht in ihrem Gesicht.

Doch hinter vorgehaltener Hand
sind manche auch nicht unbekannt.
Beim Kochen gibt es mächtig Dampf,
aber meistens ist es doch bloß Krampf.

Ein Körnchen Wahrheit nur, das reicht.
Die Waagen werden ja nicht geeicht.
Die Zutaten sind aber schon gefährlich:
Denn durchweg sind sie nicht ganz ehrlich.

Es gibt dann eine dunkle Brüh,
die wird serviert, bald in der Früh,
noch ganz heiß,
weil man da noch gar nichts weiß.

Ob die Suppe schmeckt? Von wegen!
Eine Buchstabensuppe ist himmlisch dagegen.
Pass bloß auf, sei auf der Hut,
das man dir die Suppe nicht bringen tut.

Wenn doch, so brauchst du auch nicht verzagen,
du musst bloß ziemlich gründlich fragen,
woraus die Zutaten bestehen.
Dann wirst du sehr bald sehen.

Die Köche machen zwar viel Geschrei,
aber meistens ist doch nichts Schlimmes dabei.
Sie haben einfach eine Nachricht vernommen,
und dann ganz viel dazugesponnen.

- Aber hätten wir diese Gerüchte nicht,
fänden wir auch das Körnchen Wahrheit nicht.

Schlagfest

Zartes Porzellan auf dem Tische steht
und süßer Duft aus den Tassen weht.

Auch eine Fliege war davon entzückt,
ist gleich zur Kaffeetasse vorgerückt.

Den Angriff hat ein Mensch gesehen,
doch kann er`s leider nicht verstehen.

Er nimmt die Klatsche in die Hand:
Ein starker Schlag, voll Unverstand!

Geflüchtet ist die Fliege, die Tasse hin.
Erfahrung heißt wohl der Gewinn.

Völkerball der Riesen

Auf einem Hügel steht ein Zwerg, er ist sehr
traurig.
Seine Geschichte ist fürchterlich schaurig.

Er deutet hinunter in das Tal:
Dort, mein Dorf – es war einmal.
Jetzt ist`s ein großer Trümmerhaufen,
viele Zwerge sind davongelaufen.

Blut klebt an Mauer, Pflanz` und Stein.
Wer soll dafür verantwortlich sein?
Der Zwerg, er nickt: Das wissen wir.
Die verrückten Riesen waren hier.

Ja, die Riesen spielten Völkerball
mit laut` Geschrei und viel Krawall.
Es half kein Bitten, Flehen, kein Protestieren.
Die Riesen wollten sich partout duellieren.

Gleich viele Bälle warfen sie hin und her.
Die Zwerge fürchteten sich sehr.
Denn wenn ein Ball zur Erde ging,
gleich alles ringsum Feuer fing.

Die Füße der Riesen zertraten gar viel.
Das war bitterer Ernst, das war kein Spiel!

Später sahen sie ihre Tat,
hatten gleich Ausreden parat.
Das machen wir alles wieder heil,
wartet nur eine kleine Weil.

Die große Wiedergutmachung! Nur vielleicht. –
Irgendwann –
Und was wird bis dann?

Mir wird es mulmig und nicht geheuer.
Da ist guter Rat aber wirklich teuer.
Der Zwerg zuckt mit den Schultern nur,
und schaut resigniert hinaus in die Flur.

Leider kann so was immer wieder geschehen.
Aber keiner von uns wird es je verstehen!

Das gute Buch

Ein Buch lag auf dem Tisch herum.
Les` ich es, oder bleib ich dumm?
Da gab es nichts zu überlegen,
der Neugier hab ich nachgegeben.

Ich nahm das Buch zur Hand.
Es war ein dicker Band.
Bald war ich vertieft in die Lektüre,
verschlang`s wie süße Konfitüre.

Ein schöner, romantischer Liebesroman,
gut geschrieben, das merkte man.
Durchzogen auch von feinem Humor.
Ganz gespannt saß ich davor.

Ausgelesen! Zufrieden und froh
überlegte ich so:
Es hilft, hat man zu bestimmter Zeit
immer das richtige Buch bereit.

Drum, ob Unterhaltung, Trost oder Wissen:
Ein gutes Buch möchte ich nicht mehr missen!

Neugier

Neugier, dein Name sei Weib!
„Mann" ist dagegen gefeit.
Kaum gesagt, nahm man es krumm.
Wir Frauen, wir sind doch nicht dumm.

Die Behauptung nehmt ihr zurück!
Das ist ja wohl ein starkes Stück.
Alle Menschen sind neugierig auf Erden.
Was sollte wohl sonst aus der Zukunft werden?

Es gäbe keinen Forscherdrang,
und ohne Technik wär's uns bang.
Die Frauen solange protestierten,
bis die Männer sich genierten.

Ist ja gut, wir glauben das!
Es war doch eigentlich nur Spaß!
 – Stille – dann das befreiende Lachen.
Ihr könnt vielleicht so Späße machen.

Klammheimlich aber wissen die Frauen:
Auf die weibliche Neugier, da kann man bauen!

Das Wasser

Das Wasser hat die stete Kraft,
die immerzu Veränd'rung schafft.
Unscheinbar nur die Quelle wirkt,
die Macht, unglaublich, die sie birgt.

Der Strom fließt ruhig seine Bahn.
Zuweilen aber schaut er seine Ufer an,
wenn's ihm mal wieder wird zuviel
und Regen kommt auch noch ins Spiel.

Dann spült er der Menschen Werke fort,
zeigt, wer der Herr ist hier am Ort.
Respektvoll zahlen die Menschen ihren Zoll,
fragen nicht mehr, was das soll.

Der Fluss wird nun tiefer und auch breiter.
Die alte Sehnsucht treibt ihn weiter.
Endlich die Mündung! Das weite Meer.
Von allen Seiten kommt das Wasser her.

Der Ozean - Urquell des Lebens.
Ohne Wasser wäre doch alles vergebens.

Faltensorgen

Ohne Erbarmen
zeigt mir Armen
der Spiegel mein Gesicht:
Etliche Falten, knitterich.

Ach du liebe Zeit!
Nun ist es bald soweit.
Ich komme in die Jahre,
hab auch schon weiße Haare.

Da darf ich doch nicht ruhn
und muss gleich etwas tun.
Ich geh richtig ins Extreme
mit Schminke, Tusch und Fältchencreme.

Es ist finanziell eine Bürde,
wenn es bloß was helfen würde.
Und bei der ganzen Schminkerei
leidet auch die Haut dabei.

Endlich hab ich eingesehn,
dass so die Falten nicht vergehn.
Eine gute Pflegecreme reicht
und noch Lippenstift vielleicht.

Schau ich nun in den Spiegel rein,
kann ich schon zufrieden sein.
Außerdem bin ich noch froh,
den anderen geht's ebenso!

Mein kleiner Rebell

Warum bin ich eigentlich „ich"?
Sowas frag ich mich
manchmal, wenn ich melancholisch bin.
Es ist mein Rebell, ganz in mir drin.

Ich könnt doch auch wer anders sein
und wäre dann nicht hier daheim.
Vielleicht in einem anderen Land,
welches mir dann wohlbekannt.

Wie es mir wohl gehen würde?
Hätt ich auch ne kleine Bürde?
Doch nicht gar Hunger und Gewalt
und die Menschen wären kalt?

Oh, nein! Dann sicher daheim, hier und heute
und glücklich mit der ganzen Meute.
Den kleinen, klugen Rebell
beruhige ich ganz schnell.

Mein Leben führ ich einfach weiter
selten traurig, meistens heiter.
Aber mein kleiner Rebell, der ist mir wichtig,
denn durch ihn seh ich viele Dinge richtig.

<u>**Die Pantoffelwanderung**</u>

Der Vater kommt recht müd nach Haus
und zieht sich seine Schuhe aus.
Er will in die Pantoffel schlüpfen,
doch er muss in Strümpfen hüpfen.

Wo sind denn meine Schlappen nur?
Sie waren doch immer hier im Flur.
Die große Sucherei beginnt,
dass man Vaters Schlappen find.

Sie sind nicht in dem Schrank
und auch nicht unter der Bank.
Plötzlich schreit Klein-Otto laut:
Dahinten sind sie, schaut!

Sie waren hinter der Balkontür dort.
Das war aber wirklich nicht ihr Ort!
Wer hat sie denn dahin gestellt,
um alles in der Welt?

Keiner will's gewesen sein.
Wahrscheinlich waren sie's allein.
Klein-Otto hat dann ernsthaft festgestellt:
Es war die erste „Pantoffelwanderung" der Welt!

Mutter Erde

Mutter Erde, braungebrannt und faltenreich,
sieht wohl eher einer Kartoffel gleich.
Nur riesengroß, andere Dimensionen eben,
wie die, die auch im Weltall schweben.

Sie zieht stetig ihre Bahn,
und andere Planeten lachen sie an.
Ausdauernd und richtig umkreist sie die Sonne,
als wär es für sie eine wahre Wonne,

auch teilzunehmen am Sternenreigen.
Da bleibt uns Menschlein nur staunend
Schweigen.
Zig- Millionen Jahre schon dreht sie ihre Runden,
bloß Ruhe hat sie noch nicht gefunden.

Eine ganz kurze, winzige Zeitspanne nur
dürfen wir teilnehmen an ihrer Tour.
Dürfen leben und darauf gehen,
aber wir können sie nie verstehen.

Ihre Beben, Feuerberge,
da sind wir doch kleine Zwerge.
Aber sie hieße nicht Mutter Erde,
hätte sie nicht noch ganz andere Werte.

Wir dürfen sie nutzen und verwalten,
müssen uns aber schon daran halten,
was eigentlich jede Mutter spricht:
Ohne Sorgfalt geht es nicht!

Unsere Mathilde

Bei uns im Keller wohnt Mathilde.
Sie rennt davon wie eine Wilde
wenn ihr jemand nahe kommt.
Meist geht auch noch das Licht aus, prompt.

Bis mans wieder angemacht,
hat sie sich versteckt und lacht.
Sie ist schon ein recht seltsamer Gast,
meistens ruhig, hat keine Hast.

Braucht weder Fernseher, noch Telefon.
Ein ruhiges Eckchen reicht ihr schon.
Sie verschwendet keine Gelder
und sucht sich auch ihr Essen selber.

So wohnt sie halt noch immer hier
und ist wohl eine rechte Zier
für die Familie Weberknecht.
Ja, die Mathilde ist schon recht.

Familie Zuversicht

Ein wunderschöner Regenbogen am Himmel
droben steht.
Dunkle Wolken hat der Wind fast fortgeweht.
Die Luft ist rein und klar,
ein kleiner Spatz ist auch schon da.

Er ist schon wichtig, dieser Spatz,
findt auch in jedem Herzen Platz.
Freund Zuversicht, so heißt der Wicht
und ohne ihn, da geht es nicht.

Harmonieren gut nun Herz und Regenbogen,
sind Spatzens auch schnell eingezogen.
Frau Zuversicht, sie baut das Nest,
danach gibt's dann ein Hochzeitsfest.

Kommen dann die Spatzenjungen,
wird gleich ein solches Herz besungen,
das auch den Regenbogen mag
und Zuversicht an jedem Tag.

Der Tanz des Lebens

Der Tanz auf Messers Schneide.
Ist das eine Augenweide?
Wohl doch eher nicht,
denn du bist darauf erpicht
dich keinesfalls zu schneiden
und auch das Fallen zu vermeiden.

Denn drüben ist das Dunkel,
und hüben Lichtgefunkel.
Wenn, dann doch ins Licht,
denn Finsternis, die magst du nicht.

Doch von keiner Seit` kommst du zurück,
höchstens als ein andres Stück.
Da bist du schon etwas gescheiter
und tanzt ganz einfach weiter.

Du hast ja einen Trumpf:
Des Messers Schneide, die ist stumpf!

Zwiebeltränen

Es war mal wieder soweit:
Der Zwiebel schönes, braunes Kleid
wurde ihr ganz ausgezogen!
Einfach so, wär schlimm gelogen.

Man hat sogar ein Messer angesetzt
und es zuvor auch noch gewetzt.
Die Zwiebel weinte bitterlich
dicke Tränen rund um sich.

Sie musste sich noch ganz ergeben,
Scheibchen für Scheibchen eben.
Als dies der liebe Gott vernommen,
war ihm ein großer Zorn gekommen.

Er nahm der Zwiebel ihren Schmerz
und gab ihr auch ein starkes Herz.
Den Menschen dann der Zwiebel Tränen,
damit sie sich's zu Herzen nähmen.

Seitdem, wenn Menschen Zwiebel schneiden,
sie sich immer vorbereiten,
dass sie dabei weinen müssen.
- So ist das eben mit dem Büßen!

Der Eichenbaum

Am Anfang war sie nur ein kleiner Spross,
die alte, dicke Eiche.
Doch was sie ringsherum genoss,
war vielerorts das Gleiche.

Langsam wuchs die Pflanz heran,
derweil ein Bub die Schulbank drückt.
Und beide freuten sich daran,
dass dies so gut geglückt.

Aus dem Pflänzlein ward ein großer Baum,
und aus dem Jungen wohl ein Mann.
Beide hatten einen Traum,
der wirklich werden kann.

Die Eiche wollte Früchte tragen,
der Mann eine Frau und eigen Kind.
Sie brauchten beide sich nicht plagen,
es ging alles ganz geschwind.

Heute steht der Baum schon viele Jahr`
und sieht die Kindeskinder springen.
Ein alter Mann mit weißem Haar
freut sich dabei an deren Singen.

Arbeitstrott

Der Wecker schellt, es ruft die Pflicht.
Der Chef braucht seine Leute.
Ob wir nun möchten oder nicht:
Es wird gewerkelt heute.

Das Fließband läuft, der Lärm fängt an.
Der Meister teilt die Arbeit ein,
für jeden so, wie er es kann.
So soll es ja auch sein.

Wir wursteln uns so durch den Tag
und haben unsere Müh.
Sogar manchmal eine Plag,
hauptsächlich in der Früh.

Kommt der Feierabend dann,
freun wir uns auf zu Hause.
Auch jährlich sicher, irgendwann,
gibt es die Urlaubspause.

So geht es zu, jahraus, jahrein.
Wir werden dabei alt.
Doch genau dieses „Ringelreihn",
das gibt uns festen Halt.

Drei schwere Tage

„Drei Tage vor dem Ersten
ist das Leben eins der schwersten!"
Der Mensch, der sowas sich gedacht,
hat bestimmt drei Tage nicht gelacht.

Es ist schon vielen so ergangen,
dass sie am Monatsende durchgehangen.
Am Zahltag, ja da ist das Leben schön.
Endlich kann man kaufen gehen

Die wichtigen, dringend nötigen Sachen,
die ab und zu auch Freu(n)de machen.
Luxus, nur ein ganz klein wenig.
Sonst gönnt man sich ja eh nix!

Dazu noch Kleidung, gutes Essen,
die Miete ist nicht zu vergessen.
Dann –urplötzlich- ist das Geld zu Ende
und der Kontostand spricht Bände.

Ab nächsten Monat wird gespart!
Da ist man zu sich selber hart.
Denn es wäre doch das Allerbest,
blieben mal nicht drei Tage Rest.

<u>**Sommer**</u>

Die Sonne lacht vom Firmament.
Es lässt der Sommer grüßen.
Und ein kleiner Käfer rennt
schnell weg von unseren Füssen.

Der Getreidefelder goldene Wogen
schimmern in der Sonne hell.
Eine Lerche zieht trällernd ihre Bogen,
weit hinauf zur höchsten Stell.

Süße Beeren gibt's im Überfluss
an Strauch und kleiner Pflanz.
Gerne essen wir mit Hochgenuss
all die Früchte ganz.

Ein Sommergewitter mit erlösendem Regen
bringt Kraft für die Natur.
Menschen und Tiere dürfen erleben
dieses Schauspiel pur.

Der schwere Duft von frischem Heu
unsere Sinne fein umschmeichelt,
wenn der Sommerwind dabei
unsere Seele streichelt.

Das Maß

Das Maß ist eine Einheit,
eine Maß, die ist es auch.
Sie hat die klare Reinheit
und verschwindet dann im Bauch.

Das andere man zum Messen braucht
für viele wicht`ge Sachen.
Den Arbeitern der Kopf oft raucht,
bis sie es richtig machen.

Wird mal gemessen mit zweierlei Maß,
hilft zur Beruhigung das dritte.
Man wird vor Ärger dann nicht blass
und findet die goldene Mitte.

Die guten Feen

Es gibt doch kleine, gute Feen!
Einige sind hergekommen,
nach den Menschen mal zu sehn.
Doch was haben sie vernommen?
Große Töne, wirr Gezeter!
Die Feen staunten da doch sehr.
Ja, die Sprach` versteht nicht jeder,
tönts aus einer Ecke her.
Und weil die Feen können fliegen,
schwärmen sie nach allen Seiten
diesen Menschen schnell zu kriegen,
dass er die Kunde hilft verbreiten.
Sie finden einen alten Mann,
der diese menschlichen Intrigen
auch gar nicht mehr verstehen kann.
All diese vielen, vielen Lügen!
Die Feen reden auf ihn ein:
Solch Menschen brauchen wir, wie dich.
Dann könnte manches besser sein.
- Ansonsten wird es fürchterlich!
Der alte Mann hats gleich kapiert
und trägt der Feen Kunde weiter.
Er sagt den Menschen ungeniert:
Wann werdet ihr gescheiter?
Die Feen danken auch ganz schön,
und fliegen wieder übers Land.
Sie wollen auf die Suche gehen
- wonach ist wohlbekannt.

Der Puppendoktor

Gut, dass es einen Puppendoktor gibt!
Für die Püppchen groß und klein.
Bei den Kindern ist er sehr beliebt,
wie solls auch anders sein.

Bricht sich Moritz schlimm den Arm,
der Lola gehen die Haare aus
und Mimi hat es gar im Darm:
Geöffnet ist das Doktorhaus.

Ist auch der Liebling arg zerschlissen,
zum Doktor darf man immer gehen.
Der werkelt dann oft ganz verbissen
bis die Puppe wieder schön.

Und die Mütter erst sind froh,
dass der Doktor heilt die Puppen.
Denn dann gibt es nicht mehr so
Jammer in den Kinderstuben.

Farbenpalette

Rot ist die Farbe der Liebe.
Menschen haben sich vorgenommen,
zu wahren die zarten Triebe,
die sie geschenkt bekommen.

Blau ist die Farbe der Treue.
Innig der Liebe verbunden,
um täglich immer aufs neue
zu zählen die glücklichen Stunden.

Grün ist die Farbe der Hoffnung.
Am wichtigsten von allen:
Der Menschen letzte Bedingung
nicht so tief zu fallen.

Gelb ist die Farbe des Neid.
Es gibt von ihm viel zuviel,
denn er steht allezeit bereit
zu stören jedes Spiel.

Weiß ist die Farbe der Unschuld.
Denn die Wahrheit muss es sein.
Und es braucht gar viel Geduld
menschliche Fehler zu verzeihn.

Schwarz ist die Farbe der Trauer.
Menschen, die das Dunkle scheuen
reißen ab die finstre Mauer
und sie werdens nicht bereuen.

Die Farben sind auch oft gemischt:
Mal zwei, mal drei und manchmal mehr.
Wenn sie gar zu sehr verwischt,
kommen einfach andre her.

Bunte Farben sind sehr schön,
sie machen vieles fast wie neu.
Menschen, die das gut verstehn
bleiben ihren Farben treu.

<u>Warten</u>

Warten auf die Antwort vieler Fragen
musst du täglich lernen neu.

Warten, ob jemand dir´s wird sagen,
was du sehnlichst wünschst herbei.

Warten voller Ungeduld
auf glückliche Momente.

Warten, daß der Menschen Schuld
vergeben wird am Ende.

Warten, nicht immer ist es richtig,
wenn die Zeit dagegen spricht.

Warten –nein– wenn anderes ist wichtig
und versäumen willst du´s nicht.

Warten, bis endlich was geschieht
und die Worte werden wahr.

Warten, bis das Gewitter sich verzieht
und die Luft wird wieder klar.

Warten, dass der Hoffnung Flügel,
dich tragen weit ins Blau hinein.

Warten und du stehst auf einem Hügel
hoch oben, über Tun und Sein.

Warten, ja schon das Warten eigentlich
kann eine Antwort sein,

gültig nur für dich,
oft nur für dich allein.

Kinder

Unsicherheit auf zwei Beinen.
Doch wenn sie fallen,
müssen sie oft nicht weinen.
Nein, sie zeigen es allen!

Es gilt Fallen und Aufstehen.
Und man hat viel Freude daran,
lernen sie doch erst richtig gehen.
Aber dann fangen sie an!

Sie werden groß und stark,
stürmen die Welt,
leben bis ans Mark
und haben nie Geld.

Danach sind sie erwachsen,
manchmal sogar klug.
Eine Liebe ist gewachsen,
glücklich und gut.

Ist das nun Anfang oder Schluss?
Die Antwort ist ganz leicht,
weil man beides nehmen muss.
– Kinder sind Erfüllung und Hoffnung zugleich!

<u>**Gleichschritt der Sorgen**</u>

Die Menschen alle haben Sorgen.
Auch du brauchst deine nicht zu borgen.
Du möchtest gerne sie vertreiben?
Lass es bleiben, lass es bleiben!

Sonst überholen sie dich nämlich
und dann schaust du ziemlich dämlich,
wenn sie plötzlich vor dir stehen
und du hast sie übersehn!

Da ist es doch bestimmt gescheiter,
du gehst ganz einfach stetig weiter.
Achtest gut auf deinen Tritt,
nimmst deine Sorgen einfach mit.

Bald hast du dich an sie gewöhnt,
sogar vielleicht ganz ausgesöhnt.
Dann, oh Wunder, wird der Weg viel breiter,
es geht gleich besser, leichter weiter.

Auch dein Rucksack drückt nicht mehr,
laufen die Sorgen nebenher.
Wenn sie noch mit dir Gleichschritt halten
kannst du die Zukunft gut gestalten.

Der Knopf

Der gute, alte Knopf, unscheinbar bloß,
und trotzdem hält er Rock und Hos`.
Auch für Bluse, Hemd und Weste
ist der Knopf das allerbeste.

Zu und auf und auf und zu,
so ein Knopf hat keine Ruh.
Wirkt er dann dazu noch fein,
darf er auch mal Zierde sein.

Denn mit 'nem goldnen Knopf am Kittel,
kann man zeigen seine Mittel.
Bloß: geht die Sammelbüchse um,
nimmt man „Knopf statt Geld" ganz furchtbar
krumm!

Ist ein Knopf auf einmal weg,
kauft man einen für den Zweck.
Ob farbenfroh, ob groß, ob klein:
Der Knopf, der allerschönste soll es sein!

Konferenz der Lüfte

Es finden jährlich viele statt,
von den Konferenzen der Lüfte.
Bis jede hingefunden hat,
wackeln sie nur mit der Hüfte.

Aber wehe, wenn sie beisammen sind!
Dann müssen sie wieder streiten.
Jed`s Lüftlein bläst wie der stärkste Wind.
Man fürchtet sich schon von weitem.

Beruhigen wollen sie sich nicht,
ja, fangen gar an zu raufen!
Sie zeigen dann ihr wahres Gesicht,
und brauchen nicht mal zu verschnaufen.

Denn was die Menschen oft so machen,
das können die Lüfte schon lange!
Sie lassens dann einfach kräftig krachen,
da ist es den Lüften nicht bange.

Endlich hat sie ein Ende gefunden,
der Lüfte wilde Konferenz.
Doch andernorts, nach wenigen Stunden,
gibt's schon wieder solch Tendenz.

Seelenflug

Wenn die Seele versteht,
was das Auge sieht,
ist es noch nicht zu spät,
dass eine Blume blüht.

Soll sie gedeihen,
braucht sie viel Wasser
vom Quell des Verzeihens.
Und viel Licht
von der Sonne der Ehrlichkeit.

Erst dann ist es soweit,
dass die Zukunft Flügel kriegt,
viele Blumen blühen
und die Seele fliegt
über alle Mühen.

<u>**Zauberin Musik**</u>

Bilder malen mit Musik.
Der Dirigent, ein Meister,
führt mit Können und Geschick
an die guten Geister.

Die Seele öffnen und genießen.
Ein Kunstwerk so entsteht.
Fantasiegebilde sprießen,
von der Musik umweht.

Ein Paukenschlag, Trompetenklänge
und die Geigen weinen.
Dazu noch herrliche Gesänge,
fast himmlisch will es scheinen.

Welch' Künstler malt so schöne Werke,
alle auf einmal?
Versetzt so einfach Sorgenberge,
als wären sie banal?

Es ist die Zauberin Musik,
die hier den Pinsel schwingt.
Sie malt die Bilder, voll mit Glück,
bis die Seele klingt!

<u>**Der Protest**</u>

Es wird gejammert und geklagt,
den Leuten geht es schlecht.
Ganz egal wen man auch fragt,
gerade dem erst recht!

So richtig hab ich's nicht kapiert,
bis mich jemand klärte auf.
Er sagte mir ganz ungeniert,
dass es Probleme gibt zuhauf:

Es ist zur Zeit die Arbeit rar,
das Geld ist knapp,
es ist wohl wahr.

Man zählt jetzt jeden Euro ab
um das Niveau zu halten.
Der Lebensstandart soll so bleiben,
wie man gewohnt, ihn zu gestalten.

Im Urlaub sich die Zeit vertreiben
jährlich mindestens dreimal.
Schließlich hat man ein Recht darauf,
es sich zu leisten jedes Mal!

Er regte sich ganz furchtbar auf.
Das steht jetzt alles auf dem Spiel!
Nein, was zuviel ist, ist zuviel.

Sprachs und ging dann einfach weiter,
ließ mich mit der Geschicht allein.
Trotzdem war ich nicht viel gescheiter.
Soll das jetzt alles richtig sein?

Drum gab es dies zu überlegen:
Es geht um Geld und viel Besitz,
die Angst, davon was abzugeben.
Kein Wunder, wenn man schwitzt.

Hat die Gier nach Geld und Macht,
das Ego der Bequemlichkeit,
solch Argumente sich erdacht?
Viele Fragen hätt ich noch bereit!

Antworten? - Muss ich mir selber geben.
Und alles andre bringt die Zeit,
wie sooft im Leben.

Die Zeit

Die gute Zeit
tut mir oft leid.
Sie kann doch nichts dafür,
möchte bloß gern bei uns bleiben
und steht schüchtern vor der Tür.

Auch wenn wir sie nur kurz vertreiben,
läuft sie gleich meilenweit davon.
Wir wissen nicht wo sie geblieben,
das haben wir nun davon!
Dies „wir haben keine Zeit" klingt nun recht
unzufrieden.

Prompt wird die Zeit frech angeklagt
als Täter zweifelhafter Sachen.
Und haben wir auch selbst versagt,
egal, mit ihr kann man's ja machen!
Gern kommt die Zeit da nicht zurück,
wenn sie an allem Schuld.

Doch uns hilft zu unsrem Glück
ihre Tochter, die Geduld.
Und unter uns die Klugen
machen sich bereit.

Öffnen schnell die Stuben
und die Herzen weit,
um nicht die Ankunft zu verpassen.
Sie warten mit der Tochter dann,
die Mutter freundlich einzulassen.

Hoffend, dass nicht irgendwann
die Zeit doch noch was Bessres findt
und verschwindt.

Abschalteohren

Mit guten Ohren
ist der Mensch geboren.
Trotzdem hört er manchmal nicht
was die Mutter spricht.

Ist er dann erst mal erwachsen,
macht er wieder diese Faxen.
Er hört oft nur die Hälfte bloß,
dies findet er auch noch famos.

Ein Grund davon liegt auf der Hand
und ist allgemein bekannt.
Zwei Ohren hat der Mensch am Kopf,
jedoch mit unsichtbarem Abschaltknopf!

Drum geht auch zwischen diesen Ohren
so manches wichtige Wort verloren.

<u>Windspiel</u>

Bunte Blätter auf der Erde, auf den Straßen.
Einfach so. Der Wind hat sie gebracht.
Er hat wieder stark geblasen
in der Nacht.

Fragen, nein,fragen braucht er nicht.
Die Bäume warten schon.
Sie zeigen gerne ihr Gesicht
und geben bunten Lohn
dem Wind, der ihre Samen trägt.

Er spielt so gerne mit dem Laub,
weil es ihn so erregt.
Mit Verlaub.

Mensch und Tier

Es sind oft starke Gitter, die sie trennen,
den Menschen und das Tier.
Erster wagt sich Herr zu nennen,
doch kann er nichts dafür.

Und wären alle Türen offen,
was würde dann passieren?
Dann kann der Mensch nur hoffen,
er muss sich nicht blamieren.

Doch der Mensch hat den Verstand
und dazu noch sein Gefühl.
Wird beides richtig angewandt,
hilft`s Mensch und Tier sehr viel.

Auszeit

Mit Gedanken spielen.
Der Fantasie die Zügel geben
fürs Zugpferd der Gefühle.

Einfach Freiheit pur erleben,
wenn's auch nur in Gedanken ist.
Unbemerkt und leise
gehen sie auf die Reise,
von niemand vermisst .

Abtauchen und träumen
fürs Seelenheil
und alles versäumen
für eine kurze Weil.

Aufstand der Frösche

Hüpft mal ein Frosch ins Wasser rein,
interessiert es eigentlich kein Schwein.
Doch springen keine Frösche mehr,
so interessiert es sehr!

Wo sind sie denn nur alle hin?
Es waren doch so viele drin.
Die Frösche, die sind hergegangen,
mal ihrerseits den Storch zu fangen,
umzudrehen diesen Spieß
sprangen sie tapfer hin zur Wies.

Schon flog heran ein Adebar,
doch hinterher die ganze Schar,
viel mehr, wie sich die Frösche dachten,
als sie sich zur Wies aufmachten!

So kam es denn, wies kommen muss.
Für die Störche wars ein Hochgenuss!
Wenig Frösche kamen heim
und hüpften in ihren Teich hinein.
Sie schworen sich ganz fest im stillen,
nie mehr zu haben solchen Willen.

Doch die nächste Generation
probt den bessren Aufstand schon.
Dass es endlich einmal klappt
und der Storch sie nicht mehr schnappt.